Jean-Luc Sady
Fotos: Isabelle Kanako
Styling: Orathay

TORTEN OHNE BACKEN

Bassermann

INHALT

ZUBEREITUNG

REZEPT
Die fantastischen Torten in diesem Buch bestehen aus einer luftig-sahnigen Creme, die mit Plätzchen in eine Form geschichtet, gekühlt und dann auf eine Kuchenplatte gestürzt wird. Dazu sind neben Sahne, Frischkäse oder Mascarpone und Plätzchen nur wenige weitere Zutaten erforderlich. Die Torten sind in knapp einer halben Stunde zubereitet – und der Ofen bleibt kalt!

GRUNDLAGE: DIE CREME
Die Grundmischung aus Sahne und Mascarpone oder Doppelrahmfrischkäse sorgt dafür, dass die Creme gut gelingt. Sie bleibt beim Schichten schön fest und auch nach vierstündiger Kühlung und dem Stürzen der Torte stabil – und das oft ganz ohne Gelatine.

Alle Zutaten sollten vor der Verarbeitung kalt sein: Mascarpone und Frischkäse direkt aus dem Kühlschrank verwenden, die Sahne 25–30 Minuten ins Gefrierfach stellen. Sobald sich am Rand Flocken bilden, lässt sie sich hervorragend steif schlagen.

PLÄTZCHEN
Verwenden Sie dünnes, feines Gebäck wie Butter-, Schoko-, Vollkornkekse oder Spekulatius. Die Kekse sollten die Feuchtigkeit der Creme aufnehmen, ohne komplett durchzuweichen und ihre Textur zu verlieren.

SCHICHTEN
Kleiden Sie die im Rezept angegebene Form vollständig mit Frischhaltefolie aus. Da die meisten Torten gestürzt werden, werden auch die Zutaten in umgekehrter Reihenfolge hineingeschichtet: also erst eine Cremeschicht, gefolgt von weiteren Schichten wie im Rezept angegeben. Die letzte Schicht bildet immer eine Lage Kekse. Zum Stürzen der Torte legen Sie eine Kuchenplatte auf die Form und drehen beides zusammen in einer schnellen Bewegung um. Nehmen Sie Form und Frischhaltefolie vorsichtig ab. Damit die Plätzchen bei der gestürzten Torte von außen nicht zu sehen sind, sollten Sie beim Schichten darauf achten, dass diese nicht bis an den Rand der Form reichen.

FORMEN
Sie können alle möglichen Formen verwenden, wie zum Beispiel Kastenform, Springform, Charlottenform, Auflaufform oder Salatschüssel. Die Torte muss nicht unbedingt gestürzt, sondern kann auch in der Form serviert werden. Schichten Sie in diesem Fall die Zutaten in umgekehrter Reihenfolge in die Form (mit dem Keksboden beginnen und mit einer Cremeschicht abschließen).

FORM VORBEREITEN

TORTE STÜRZEN

SCHICHTEN

SCHOKO-FUDGE

OREO UND SAHNE

25 MIN. RUNDE FORM Ø 20 CM 4 STD.

TORTE

200 g Sahne
300 g Doppelrahmfrischkäse
50 g Zucker
210 g Oreo-Kekse

DEKORATION

60 g Sahne
20 g Butter
30 g Honig
70 g Zartbitterschokolade

Für die Tortenmasse die flüssige Sahne in eine Schüssel füllen und 25 Minuten ins Gefrierfach stellen.

Die Sahne mit dem Frischkäse glatt rühren. Mit einem elektrischen Handmixer oder in der Küchenmaschine steif schlagen. Nach und nach den Zucker einarbeiten.

Die Form mit Frischhaltefolie auskleiden. Den Boden mit einer Schicht Frischkäsesahne und einer Lage Kekse bedecken. Dabei darauf achten, dass die Kekse nicht bis an den Rand der Form reichen. Die Schichten zweimal wiederholen. Die Torte für 4 Stunden in den Kühlschrank stellen.

Für die Dekoration Sahne, Butter und Honig in einen Topf geben und zum Kochen bringen. Die Schokolade in Stücke brechen. Den Topf vom Herd nehmen. Die Schokolade zugeben und rühren, bis sie geschmolzen und eine glatte Sauce entstanden ist.

Die Torte auf eine Tortenplatte stürzen und mit der Sauce überziehen.

ERDBEERE

ZUCKERMANDELN

20 MIN. | RUNDE FORM Ø 20 CM | 4 STD.

TORTE
400 g Sahne
300 g Erdbeeren
300 g Mascarpone
70 g Zucker
300 g Haferkekse

DEKORATION
60 g Zuckermandeln
(dragierte Mandeln)
120 g Erdbeerkonfitüre

Für die Tortenmasse die flüssige Sahne in eine Schüssel füllen und 30 Minuten ins Gefrierfach stellen.

Die Erdbeeren putzen und in kleine Stücke schneiden. Die Sahne mit dem Mascarpone glatt verrühren. Mit einem elektrischen Handmixer oder in der Küchenmaschine sehr steif schlagen. Nach und nach den Zucker einarbeiten.

Die Form mit Frischhaltefolie auskleiden. Den Boden mit einer Schicht Mascarponesahne und einem Drittel der Erdbeeren bedecken. Dann eine Lage Kekse in die Form geben. Dabei darauf achten, dass die Kekse nicht bis an den Rand der Form reichen. Die Schichten zweimal wiederholen. Die Torte für 4 Stunden in den Kühlschrank stellen.

Inzwischen für die Dekoration die Mandeln grob hacken. Die Torte auf eine Tortenplatte stürzen, mit der Konfitüre überziehen und mit den Mandeln bestreuen.

HIMBEERE

SPEKULATIUS

25 MIN. RUNDE FORM Ø 15–18 CM 4 STD.

TORTE
400 g Sahne
400 g Mascarpone
80 g Zucker
200 g Himbeeren
500 g Spekulatius

DEKORATION
2 Spekulatius
einige frische Himbeeren

Für die Tortenmasse die flüssige Sahne in eine Schüssel füllen und 30 Minuten ins Gefrierfach stellen.

Die Sahne mit dem Mascarpone glatt verrühren. Mit einem elektrischen Handmixer oder in der Küchenmaschine steif schlagen. Nach und nach den Zucker einarbeiten. Die Himbeeren vorsichtig unterheben.

Die Form mit Frischhaltefolie auskleiden. Den Boden mit einer Schicht Mascarponesahne und einer Lage Spekulatius bedecken. Dabei darauf achten, dass die Plätzchen nicht bis an den Rand der Form reichen. Die Schichten zweimal wiederholen. Die Torte für 4 Stunden in den Kühlschrank stellen.

Inzwischen für die Dekoration den Spekulatius zerkrümeln. Die Torte auf eine Kuchenplatte stürzen. Himbeeren und Spekulatius darauf verteilen.

APRIKOSE

HONIG

30 MIN. RUNDE FORM Ø 15–18 CM 4 STD.

TORTE

3 Blatt weiße Gelatine

250 g Sahnequark

75 g Honig

300 g pürierte Aprikosen (oder Aprikosenmus aus dem Glas)

250 g Spekulatius

250 g Sahne

DEKORATION

3 Aprikosenhälften aus der Dose

1 Spekulatius

Die Gelatine in einer Schale mit kaltem Wasser einweichen. Den Quark mit dem Honig glatt verrühren. Die pürierten Aprikosen in einem Topf zum Kochen bringen. Den Topf vom Herd nehmen. Die ausgedrückten Gelatineblätter einzeln unter kräftigem Rühren in die Quarkmischung einarbeiten, anschließend das Aprikosenpüree einrühren.

Die Form mit Frischhaltefolie auskleiden. Den Boden mit einer dünnen Schicht Aprikosenquark bedecken. Den Rand der Form mit Spekulatius auslegen. Dann etwa drei Viertel des restlichen Aprikosenquarks in die Form füllen. Mit einer Schicht Spekulatius belegen. Danach abwechselnd je 2 dünne Schichten Aprikosenquark und Spekulatius in die Form geben. Die Torte für 4 Stunden in den Kühlschrank stellen.

Die flüssige Sahne in eine Schüssel füllen und 30 Minuten ins Gefrierfach stellen.

Die Sahne mit einem elektrischen Handmixer oder in der Küchenmaschine steif schlagen. Die Torte auf eine Kuchenplatte stürzen und vollständig mit der Sahne bestreichen. Kalt stellen.

Für die Dekoration die Aprikosenhälften abtropfen lassen und in Spalten schneiden. Den Spekulatius grob zerkrümeln. Vor dem Servieren auf die Torte geben.

ANANAS

WEISSE SCHOKOLADE

25 MIN. RUNDE FORM Ø 20 CM 4 STD.

TORTE

300 g Sahne

400 g Mascarpone

70 g Zucker

6 Ananasringe aus der Dose

320 g Müslikekse

DEKORATION

150 g weiße Schokolade

Kokosraspel

Für die Tortenmasse die flüssige Sahne in eine Schüssel füllen und 30 Minuten ins Gefrierfach stellen.

Die Sahne mit dem Mascarpone glatt verrühren. Mit einem elektrischen Handmixer oder in der Küchenmaschine steif schlagen. Nach und nach den Zucker einarbeiten.

Die Form mit Frischhaltefolie auskleiden. Die Ananasringe zwischen Küchenpapier abtropfen lassen. Den Boden der Form mit Ananas belegen. Mit einer Schicht Mascarponesahne und einer Lage Kekse bedecken. Dabei darauf achten, dass die Kekse nicht bis an den Rand der Form reichen. Die Schichten zweimal wiederholen. Die Torte für 4 Stunden in den Kühlschrank stellen.

Inzwischen für die Dekoration die Schokolade in Stücke brechen und im Wasserbad schmelzen.

Die Torte auf eine Kuchenplatte stürzen. Mit Schokoladenfäden überziehen und Kokosraspeln daraufstreuen.

BANANE

ZITRUSFRÜCHTE

35 MIN. | AUFLAUFFORM | 4 STD.

TORTE
300 g Sahne
400 g Mascarpone
70 g Zucker
fein abgeriebene Schale von
1 Bio-Orange
fein abgeriebene Schale von
1 Bio-Zitrone
500 g Haferkekse

BANANEN-ORANGEN-CREME
100 g geschälte Banane
200 ml Orangensaft
1 EL Zitronensaft
3 Eier
40 g Zucker
15 g Weizenmehl

DEKORATION
50 g Haferkekse
1 Banane

Für die Tortenmasse die flüssige Sahne in eine Schüssel füllen und 30 Minuten ins Gefrierfach stellen.

Für die Bananencreme die Banane fein zerdrücken und mit den restlichen Zutaten in einem Topf glatt verrühren. Unter Rühren leicht erhitzen, bis die Creme eingedickt ist. Erkalten lassen.

Die Sahne mit dem Mascarpone glatt verrühren. Mit einem elektrischen Handmixer oder in der Küchenmaschine steif schlagen. Nach und nach den Zucker einarbeiten. Orangen- und Zitronenschale unterrühren.

Die Zutaten wie folgt in die Form schichten: Kekse, Bananencreme, Mascarponecreme. Den Vorgang einmal wiederholen. Die Torte für 4 Stunden in den Kühlschrank stellen.

Inzwischen für die Dekoration die Kekse grob zerkrümeln. Die Banane in Scheiben schneiden. Vor dem Servieren auf der Torte verteilen.

FÜR EINE GESTÜRZTE TORTE
Die Form mit Frischhaltefolie auskleiden. Die Zutaten in umgekehrter Reihenfolge hineinschichten, also mit der Mascarponecreme beginnen und mit einer Lage Kekse abschließen.

PFIRSICH

ZITRONE UND PINIENKERNE

20 MIN. | RUNDE FORM Ø 20 CM | 4 STD.

TORTE
350 g Sahne
300 g Pfirsich aus der Dose
350 g Mascarpone
fein abgeriebene Schale von
1 Bio-Zitrone
70 g Zucker
500 g Haferkekse

DEKORATION
100 g Pinienkerne
abgeriebene Zitronenschale

Für die Tortenmasse die flüssige Sahne in eine Schüssel füllen und 30 Minuten ins Gefrierfach stellen.

Die Pfirsiche abtropfen lassen und in kleine Stücke schneiden. Die Sahne mit Mascarpone und Zitronenschale glatt verrühren. Mit einem elektrischen Handmixer oder in der Küchenmaschine steif schlagen. Nach und nach den Zucker einarbeiten. Die Pfirsichstücke vorsichtig unterheben.

Die Form mit Frischhaltefolie auskleiden. Den Boden mit einer Schicht Mascarponesahne und einer Lage Kekse bedecken. Dabei darauf achten, dass die Kekse nicht bis an den Rand der Form reichen. Die Schichten zweimal wiederholen. Die Torte für 4 Stunden in den Kühlschrank stellen.

Inzwischen für die Dekoration die Pinienkerne in einer Pfanne ohne Fett rösten. Die Torte auf eine Kuchenplatte stürzen. Mit Pinienkernen und Zitronenschale bestreuen.

MANGO

PASSIONSFRUCHT

20 MIN. QUADRATISCHE FORM 4 STD.

TORTE

300 g Sahne
400 g Mascarpone
70 g Zucker
500 g Vollkornkekse

DEKORATION

2 Mangos
3 Passionsfrüchte

Für die Tortenmasse die flüssige Sahne in eine Schüssel füllen und 30 Minuten ins Gefrierfach stellen.

Die Sahne mit dem Mascarpone glatt verrühren. Mit einem elektrischen Handmixer oder in der Küchenmaschine steif schlagen. Nach und nach den Zucker einarbeiten.

Die Form mit Frischhaltefolie auskleiden. Den Boden mit einer Schicht Mascarponesahne und einer Lage Kekse bedecken. Dabei darauf achten, dass die Plätzchen nicht bis an den Rand der Form reichen. Die Schichten zweimal wiederholen. Die Torte für 4 Stunden in den Kühlschrank stellen.

Die Torte auf eine Kuchenplatte stürzen. Für die Dekoration die Mangos schälen und das Fruchtfleisch in feine Scheiben schneiden. Auf der Torte verteilen. Die Passionsfrüchte halbieren und das Fruchtmark mit einem Löffel herauslösen. Auf den Mangos verteilen.

BIRNE

ORANGENSAHNE UND SCHOKOLADE

25 MIN. RUNDE FORM Ø 15–18 CM 4 STD.

TORTE

200 g Sahne
130 g Birnen aus der Dose
200 g Doppelrahmfrischkäse
fein abgeriebene Schale von 1 Bio-Orange
50 g Zucker
170 g Butterkekse

DEKORATION

200 g Zartbitterschokolade
50 g Mandeln
Birnen aus der Dose

Für die Tortenmasse die flüssige Sahne in eine Schüssel füllen und 30 Minuten ins Gefrierfach stellen.

Inzwischen die Birnen abtropfen lassen und klein würfeln. Die Sahne mit Frischkäse und Orangenschale glatt verrühren. Mit einem elektrischen Handmixer oder in der Küchenmaschine steif schlagen. Nach und nach den Zucker einarbeiten. Ein Drittel der Creme in eine zweite Schüssel füllen und die Birnenstücke unterheben.

Die Form mit Frischhaltefolie auskleiden. Die einfache Frischkäsecreme auf dem Boden der Form verstreichen. Mit einer Lage Plätzchen bedecken. Dabei darauf achten, dass sie nicht bis an den Rand der Form reichen. Danach abwechselnd je 2 Schichten Birnencreme und Kekse in die Form geben. Die Torte für 4 Stunden in den Kühlschrank stellen.

Inzwischen für die Dekoration die Schokolade in Stücke brechen und im Wasserbad schmelzen. Die Mandeln grob hacken. Die Birne abtropfen lassen und klein würfeln.

Die Torte auf eine Kuchenplatte stürzen. Mit der Schokolade überziehen. Mandeln und Birnenstücke darauf verteilen.

APFEL
AHORNSIRUP

30 MIN. | RUNDE FORM Ø 20 CM | 4 STD.

TORTE

450 g Sahne
350 g Doppelrahmfrischkäse
80 g Zucker
500 g Karamell- oder Gewürzkekse

DEKORATION

1 großer Apfel
4 EL Ahornsirup

Für die Tortenmasse die flüssige Sahne in eine Schüssel füllen und 30 Minuten ins Gefrierfach stellen.

Die Sahne mit dem Frischkäse glatt verrühren. Mit einem elektrischen Handmixer oder in der Küchenmaschine steif schlagen. Nach und nach den Zucker einarbeiten.

Die Form mit Frischhaltefolie auskleiden. Den Boden mit einer Schicht Frischkäsesahne und einer Lage Kekse bedecken. Dabei darauf achten, dass die Plätzchen nicht bis an den Rand der Form reichen. Die Schichten zweimal wiederholen. Die Torte für 4 Stunden in den Kühlschrank stellen.

Inzwischen für die Dekoration den Apfel schälen, entkernen und in Stücke schneiden. Den Ahornsirup in einer Pfanne sanft erhitzen. Die Apfelstücke darin etwa 10 Minuten garen, bis sie weich sind, aber nicht auseinanderfallen.

Die Torte auf eine Kuchenplatte stürzen. Die Apfelstücke auf der Torte verteilen und mit Sirup beträufeln.

BLAUBEERE

VOLLKORN

20 MIN. RUNDE FORM Ø 15–18 CM 4 STD.

TORTE

400 g Sahne

300 g Mascarpone

70 g Zucker

300 g Vollkorn- oder Müslikekse

DEKORATION

150 g Blaubeerkonfitüre

3 Scheiben Honigkuchen oder 3 Kekse

150 g Blaubeeren

Für die Tortenmasse die flüssige Sahne in eine Schüssel füllen und 30 Minuten ins Gefrierfach stellen.

Die Sahne mit dem Mascarpone glatt verrühren. Mit einem elektrischen Handmixer oder in der Küchenmaschine steif schlagen. Nach und nach den Zucker einarbeiten.

Die Form mit Frischhaltefolie auskleiden. Den Boden mit einer Schicht Mascarponesahne und einer Lage Kekse bedecken. Dabei darauf achten, dass die Kekse nicht bis an den Rand der Form reichen. Die Schichten zweimal wiederholen. Die Torte für 4 Stunden in den Kühlschrank stellen.

Inzwischen für die Dekoration die Konfitüre sehr fein pürieren. Honigkuchen oder Kekse klein würfeln bzw. grob zerkrümeln. Die Torte auf eine Kuchenplatte stürzen und mit der Konfitüre überziehen. Heidelbeeren und Kuchenwürfel darauf verteilen.

JOHANNISBEERE

HONIGKUCHEN

30 MIN. QUADRATISCHE FORM 4 STD.

TORTE

300 g Sahne
500 g Doppelrahmfrischkäse
80 g Zucker
300 g Schwarze-Johannisbeer-Konfitüre
30 g Honigkuchen
200 g Buttergebäck oder Sandplätzchen

DEKORATION

1 Scheibe Honigkuchen
200 ml dickflüssige Vanillesauce

Für die Tortenmasse die flüssige Sahne in eine Schüssel füllen und 30 Minuten ins Gefrierfach stellen.

Die Sahne mit dem Frischkäse glatt verrühren. Mit einem elektrischen Handmixer oder in der Küchenmaschine steif schlagen. Nach und nach den Zucker einarbeiten.

Konfitüre und Honigkuchen mischen und mit einer Gabel zerdrücken. Die Plätzchen mit dieser Mischung bestreichen und in 3 Stapeln zu je ca. 12 Plätzchen aufeinandersetzen (je nach Länge der Form).

Die Form mit Frischhaltefolie auskleiden. Den Boden mit einer Schicht Frischkäsesahne bedecken. Die Plätzchenstapel in die Form legen. Dabei darauf achten, dass sie nicht bis an den Rand der Form reichen. Mit der restlichen Creme bedecken. Die Torte für 4 Stunden in den Kühlschrank stellen.

Inzwischen für die Dekoration den Honigkuchen klein würfeln. Die Torte auf eine Kuchenplatte stürzen. Mit der Vanillesauce überziehen und die Honigkuchenwürfel darauf verteilen.

KIRSCHE

AMARETTO-SAHNE

25 MIN. | RUNDE SCHÜSSEL | 4 STD.

TORTE

300 g Sahne
250 g Mascarpone
180 g Doppelrahmfrischkäse
90 g Zucker
3 EL Amaretto
150 g Butterplätzchen
150 g entsteinte Kirschen (frisch oder aus dem Glas)

DEKORATION

3–5 Waffelröllchen mit Zartbitterschokolade

Für die Tortenmasse die flüssige Sahne in eine Schüssel füllen und 30 Minuten ins Gefrierfach stellen.

Die Sahne mit Mascarpone und Frischkäse glatt verrühren. Mit einem elektrischen Handmixer oder in der Küchenmaschine steif schlagen. Nach und nach den Zucker einarbeiten. Den Amaretto vorsichtig unterziehen.

Die Form mit Frischhaltefolie auskleiden. Boden und Wand mit einer Schicht Mascarponesahne bestreichen. Den Boden mit einer Lage Plätzchen und einer Schicht Creme bedecken. Die Hälfte der Kirschen darauf verteilen. Die Schichten einmal wiederholen. Mit einer Lage Plätzchen abschließen. Die Torte für 4 Stunden in den Kühlschrank stellen.

Inzwischen für die Dekoration die Waffelröllchen leicht zerdrücken. Die Torte auf eine Kuchenplatte stürzen und mit dem Waffelbruch bestreuen.

BRATAPFEL MIT CIDRE

KARAMELL

1 STD. AUFLAUFFORM 2 STD.

TORTE

3 Äpfel
20 g Butter
3 Päckchen Vanillezucker
100 ml lieblicher Cidre
300 g Sahne
300 g Doppelrahmfrischkäse
60 g Zucker
300 g Spritzgebäck

DEKORATION

100 g Karamellcreme
1 Keks

Den Backofen auf 180 °C vorheizen. Das Kerngehäuse der Äpfel ausstechen. Die Äpfel schälen und in eine Auflaufform setzen. Die Butter in Stücken darauf verteilen und mit dem Vanillezucker bestreuen. Den Cidre zugießen. Im vorgeheizten Ofen 30–40 Minuten garen, bis die Äpfel anfangen auseinanderzufallen. Mit einer Gabel zerdrücken und erkalten lassen.

Für die Tortenmasse die flüssige Sahne in eine Schüssel füllen und 30 Minuten ins Gefrierfach stellen.

Die Sahne mit dem Frischkäse glatt verrühren. Mit einem elektrischen Handmixer oder in der Küchenmaschine steif schlagen. Nach und nach den Zucker einarbeiten.

Die Zutaten wie folgt in die Auflaufform schichten: Plätzchen, Apfelmasse, Frischkäsecreme. Die Schichten einmal wiederholen. Die Torte für 4 Stunden in den Kühlschrank stellen.

Inzwischen für die Dekoration den Karamell lauwarm erhitzen und in dünnen Fäden über die Torte geben. Das Plätzchen zerkrümeln und auf der Torte verteilen.

FÜR EINE GESTÜRZTE TORTE

Die Form mit Frischhaltefolie auskleiden und die Schichten in umgekehrter Reihenfolge in die Form geben, also mit der Creme beginnen und mit einer Lage Plätzchen abschließen.

APRIKOSE

BROWNIE

30 MIN. QUADRATISCHE FORM 4 STD.

TORTE

300 g Sahne
400 g Doppelrahmfrischkäse
70 g Zucker
2 EL Orangensaft
 oder Orangenlikör
200 g Aprikosen aus der Dose
150 g Brownies
150 g Schokoladenplätzchen

DEKORATION

2 Aprikosenhälften
150 g Zartbitterschokoladenraspel

Für die Tortenmasse die flüssige Sahne in eine Schüssel füllen und 30 Minuten ins Gefrierfach stellen.

Die Sahne mit dem Frischkäse glatt verrühren. Mit einem elektrischen Handmixer oder in der Küchenmaschine steif schlagen. Nach und nach den Zucker einarbeiten. Den Orangensaft unterziehen. Die Creme auf zwei Schüsseln verteilen. Die Aprikosen abtropfen lassen, klein würfeln und unter eine Cremeportion ziehen. Die Brownies würfeln und unter die zweite Cremehälfte ziehen.

Die Form mit Frischhaltefolie auskleiden. Den Boden mit der Brownie-Creme und einer Lage Plätzchen bedecken. Dabei darauf achten, dass die Plätzchen nicht bis an den Rand der Form reichen. Die Aprikosencreme darauf verstreichen. Mit einer Lage Plätzchen abschließen. Die Torte für 4 Stunden in den Kühlschrank stellen.

Inzwischen für die Dekoration die Aprikosen abtropfen lassen und klein würfeln. Die Torte auf eine Kuchenplatte stürzen und mit Schokoladenraspeln und Aprikosenwürfeln bestreuen.

SCHOKOSPLITTER

SPEKULATIUS

25 MIN. QUADRATISCHE FORM 4 STD.

TORTE

300 g Sahne

500 g Mascarpone

80 g Zucker

100 g Schokoladentröpfchen

500 g Spekulatius oder Gewürzkekse

DEKORATION

10 g Schokoladentröpfchen

Für die Tortenmasse die flüssige Sahne in eine Schüssel füllen und 30 Minuten ins Gefrierfach stellen.

Die Sahne mit dem Mascarpone glatt verrühren. Mit einem elektrischen Handmixer oder in der Küchenmaschine steif schlagen. Nach und nach den Zucker einarbeiten. Die Schokoladentröpfchen vorsichtig unterheben.

Die Form mit Frischhaltefolie auskleiden. Den Boden mit einer Schicht Mascarponesahne und einer Lage Kekse bedecken. Dabei darauf achten, dass die Kekse nicht bis an den Rand der Form reichen. Die Schichten zweimal wiederholen. Die Torte für 4 Stunden in den Kühlschrank stellen.

Die Torte auf eine Kuchenplatte stürzen und mit den Schokoladentröpfchen bestreuen.

WEISSE SCHOKOLADE

LIMETTE

30 MIN. | KASTENFORM | 2+4 STD.

TORTE

300 g weiße Schokolade
300 g Sahne
fein abgeriebene Schale von
2 Bio-Limetten
200 g Vollkornkekse oder
„Braune Kuchen"

DEKORATION

50 g Kokoschips
abgeriebene Schale von
1 Bio-Limette

Für die Tortenmasse die Schokolade in Stücke brechen. Die Sahne mit dem Limettenabrieb in einem Topf zum Kochen bringen. Den Topf vom Herd nehmen. Die Schokolade zugeben und rühren, bis sie geschmolzen und eine glatte Masse entstanden ist. Erkalten lassen und für 2 Stunden in den Kühlschrank stellen.

Die Schokoladencreme mit einem elektrischen Handmixer oder in der Küchenmaschine cremig-schaumig schlagen.

Die Form mit Frischhaltefolie auskleiden. Den Boden mit einer Schicht Schokoladencreme und einer Lage Kekse bedecken. Dabei darauf achten, dass die Plätzchen nicht bis an den Rand der Form reichen. Die Schichten zweimal wiederholen. Die Torte für 4 Stunden in den Kühlschrank stellen.

Die Torte auf eine Kuchenplatte stürzen und mit Kokoschips und Limettenschale bestreuen.

SCHOKOLADE

ORANGENSAHNE

25 MIN. | KASTENFORM | 4 STD.

TORTE

550 g Sahne
350 g Zartbitterschokolade
200 g Doppelrahmfrischkäse
40 g Zucker
fein abgeriebene Schale von 1 Bio-Orange
350 g Orangenkekse

DEKORATION

100 g Schokoladenstreusel oder -raspel

Für die Tortenmasse 200 g Sahne in eine Schüssel füllen und 25 Minuten ins Gefrierfach stellen.

Die Schokolade in Stücke brechen. Die restliche Sahne in einem Topf zum Kochen bringen. Den Topf vom Herd nehmen. Die Schokolade zugeben und rühren, bis sie geschmolzen und eine glatte Masse entstanden ist.

Die Sahne aus dem Gefrierfach nehmen und mit dem Frischkäse glatt verrühren. Mit einem elektrischen Handmixer oder in der Küchenmaschine steif schlagen. Nach und nach Zucker und Orangenabrieb einarbeiten.

Die Form mit Frischhaltefolie auskleiden. Boden und Wände mit einer Schicht Frischkäsesahne bestreichen. Dann 4 Lagen Kekse in die Form geben, die jeweils mit einer dünnen Schicht Schokoladencreme überzogen werden. Dabei darauf achten, dass die Kekse nicht bis an den Rand der Form reichen. Anschließend eine Schicht Frischkäsesahne darauf verstreichen. Dann wieder abwechselnd jeweils 4 Lagen Kekse und Schokolade wie oben beschrieben einschichten. Die restliche Frischkäsesahne darauf verstreichen und mit einer Lage Kekse abschließen. Die Torte für 4 Stunden in den Kühlschrank stellen.

Die Torte auf eine Kuchenplatte stürzen und mit Schokoladenstreuseln oder -raspeln bestreuen.

SCHOKOLADE

VANILLE UND HIMBEERE

25 MIN. | KASTENFORM | 4 STD.

TORTE

2 Vanillestangen
350 g Sahne
350 g Doppelrahmfrischkäse
80 g Zucker
500 g Schokoladenplätzchen

DEKORATION

100 g rote Johannisbeeren
40 g Zucker
200 g Himbeeren

Für die Tortenmasse die Vanillestangen aufschlitzen, mit der Sahne in einen Topf geben und zum Kochen bringen. In eine Schüssel füllen, vollständig erkalten lassen und 30 Minuten ins Gefrierfach stellen.

Die Vanillestangen entfernen. Die Sahne mit dem Frischkäse glatt verrühren. Mit einem elektrischen Handmixer oder in der Küchenmaschine steif schlagen. Nach und nach den Zucker einarbeiten.

Die Form mit Frischhaltefolie auskleiden. Den Boden mit einer Schicht Frischkäsesahne und einer Lage Plätzchen bedecken. Dabei darauf achten, dass die Plätzchen nicht bis an den Rand der Form reichen. Die Schichten dreimal wiederholen. Die Torte für 4 Stunden in den Kühlschrank stellen.

Inzwischen für die Dekoration die Johannisbeeren mit Zucker und 2 Esslöffeln Wasser in einen Topf geben und 3 Minuten kochen. Glatt pürieren und durch ein feines Sieb streichen. Erkalten lassen, dann die Himbeeren untermischen.

Die Torte auf eine Kuchenplatte stürzen und mit der Fruchtsauce überziehen.

ERDNUSSCREME

ZARTBITTERSCHOKOLADE

30 MIN. KASTENFORM 4 STD.

TORTE

400 g Sahne

200 g Zartbitterschokolade

2 EL Erdnusscreme

200 g Doppelrahmfrischkäse

350 g Müslikekse

DEKORATION

5 Oreo-Kekse

Für die Tortenmasse 200 g Sahne in eine Schüssel füllen und 30 Minuten ins Gefrierfach stellen.

Die Schokolade in Stücke brechen. Die restliche Sahne in einem Topf zum Kochen bringen. Den Topf vom Herd nehmen. Die Schokolade zugeben und rühren, bis sie geschmolzen und eine glatte Masse entstanden ist. Die Erdnusscreme einarbeiten. Beiseitestellen.

Die Sahne mit dem Frischkäse glatt verrühren. Mit einem elektrischen Handmixer oder in der Küchenmaschine steif schlagen.

Die Form mit Frischhaltefolie auskleiden. Boden und Wände mit der Frischkäsesahne bestreichen. Den Boden mit einer Lage Kekse bedecken. Mit der Schokoladencreme bestreichen. Die Schichten viermal wiederholen und mit einer Lage Kekse abschließen. Die Torte für 4 Stunden in den Kühlschrank stellen.

Die Torte auf eine Kuchenplatte stürzen. Für die Dekoration die Oreo-Kekse grob zerkrümeln und über die Torte geben.

SCHOKO-BIRNE

SHORTBREAD

20 MIN. QUADRATISCHE FORM 2 STD.

TORTE

250 g Sahne

300 g Zartbitterschokolade

50 g Butter

150 g Shortbreads

DEKORATION

5 Birnen aus der Dose

1 Shortbread

200 g Sahne

50 g Mascarpone

Für die Tortenmasse 200 g Sahne in eine Schüssel füllen und 30 Minuten ins Gefrierfach stellen.

Die Schokolade in Stücke brechen und mit der Butter im Wasserbad schmelzen. Die Schüssel aus dem Wasserbad nehmen und die restliche Sahne unterrühren, bis eine glatte Creme entstanden ist. Die Plätzchen grob zerkleinern und unter die Schokoladencreme ziehen.

Die Form mit Frischhaltefolie auskleiden. Die Schokoladencreme einfüllen, erkalten lassen und dann für 2 Stunden in den Kühlschrank stellen.

Inzwischen für die Dekoration die Birnen auf Küchenpapier gut abtropfen lassen und klein würfeln. Das Plätzchen grob zerkrümeln. Die kalte Sahne mit dem Mascarpone glatt verrühren. Mit einem elektrischen Handmixer oder in der Küchenmaschine steif schlagen.

Den Schokoladenkuchen auf eine Kuchenplatte stürzen und mit der Mascarponesahne bestreichen. Mit Birnenwürfeln und Plätzchenkrümeln bestreuen.

SCHOKOLADE

BROWNIE UND SAHNETOFFEES

35 MIN. RUNDE FORM Ø 15–18 CM 1+4 STD.

TORTE

100 g Zartbitterschokolade
250 g Sahne
150 g Mascarpone
120 g Doppelrahmfrischkäse
500 g Schokoladenplätzchen oder -cookies

KARAMELL

200 g Sahne
200 g weiche Sahnetoffees

DEKORATION

130 g Brownies
einige weiche Sahnetoffees

Für die Tortenmasse die Schokolade in Stücke brechen. Die Sahne in einem Topf zum Kochen bringen. Den Topf vom Herd nehmen. Die Schokolade zugeben und rühren, bis sie geschmolzen und eine glatte Masse entstanden ist. Erkalten lassen, dann 1 Stunde in den Kühlschrank stellen.

Für den Karamell die Sahne mit den Toffees in einen Topf geben und bei niedriger Hitze rühren, bis eine cremige Masse entstanden ist. Erkalten lassen.

Die Schokoladencreme mit Mascarpone und Frischkäse glatt verrühren. Mit einem elektrischen Handmixer oder in der Küchenmaschine steif schlagen.

Die Form mit Frischhaltefolie auskleiden. Den Boden mit einer Schicht Schokoladencreme und einer Lage Plätzchen bedecken. Dabei darauf achten, dass die Plätzchen nicht bis an den Rand der Form reichen. Eine Schicht Karamellcreme darauf verstreichen. Mit einer Lage Plätzchen bedecken. Die Schichten einmal wiederholen. Dann mit einer Schicht Schokoladencreme und einer Lage Plätzchen abschließen. Die Torte für 4 Stunden in den Kühlschrank stellen.

Inzwischen für die Dekoration Brownies und Toffees klein würfeln. Die Torte auf eine Kuchenplatte stürzen und mit Brownie- und Toffeewürfeln bestreuen.

ROCKY ROAD

MARSHMALLOWS UND SCHOKOLADE

25 MIN. | KASTENFORM | 3 STD.

TORTE

200 g Sahne
100 g Butter
200 g Zartbitterschokolade
40 g Cookies
160 g Mini-Marshmallows
200 g Doppelrahmfrischkäse
200 g Butterkekse

DEKORATION

1 Butterkeks

Für die Tortenmasse die flüssige Sahne in eine Schüssel füllen und 30 Minuten ins Gefrierfach stellen.

Butter und Schokolade in Stücke schneiden bzw. brechen. Im Wasserbad schmelzen und rühren, bis eine glatte Masse entstanden ist. Den Topf vom Herd nehmen. Die Cookies grob zerkrümeln und zusammen mit den Marshmallows unter die Schokoladenmasse ziehen.

Die Sahne mit dem Frischkäse glatt verrühren. Mit einem elektrischen Handmixer oder in der Küchenmaschine steif schlagen.

Die Form mit Frischhaltefolie auskleiden. Boden und Wände mit der Frischkäsesahne bestreichen. Dann eine Lage Plätzchen in die Form geben. Die Hälfte der Schokoladenmasse darauf verstreichen. Mit einer Lage Plätzchen bedecken. Die zweite Hälfte der Schokoladencreme darauf verteilen. Mit einer Lage Plätzchen abschließen. Die Torte für 4 Stunden in den Kühlschrank stellen.

Die Torte auf eine Kuchenplatte stürzen und mit Kekskrümeln dekorieren.

AFTER EIGHT

SCHOKOLADE UND SAHNE

30 MIN. | RUNDE FORM Ø 20 CM | 4 STD.

TORTE

300 g Sahne

200 g Mascarpone

60 g Zucker

3 EL Pfefferminzlikör

500 g Schokoladenkekse

AFTER-EIGHT-CREME

100 g Zartbitterschokolade

200 g Sahne

100 g After-Eight-Täfelchen

DEKORATION

12 After-Eight-Täfelchen

Für die Tortenmasse die flüssige Sahne in eine Schüssel füllen und 30 Minuten ins Gefrierfach stellen.

Für die Creme die Schokolade in Stücke brechen. Die Sahne in einem Topf zum Kochen bringen. Den Topf vom Herd nehmen. Schokolade und After Eight zugeben und rühren, bis eine glatte Masse entstanden ist.

Die gekühlte Sahne mit dem Mascarpone glatt verrühren. Mit einem elektrischen Handmixer oder in der Küchenmaschine steif schlagen. Nach und nach den Zucker einarbeiten. Den Likör unterrühren.

Die Form mit Frischhaltefolie auskleiden. Den Boden mit einer Schicht Mascarponesahne und einer Lage Plätzchen bedecken. Dabei darauf achten, dass die Kekse nicht bis an den Rand der Form reichen. Eine Schicht After-Eight-Creme darauf verstreichen. Mit einer Lage Plätzchen bedecken. Die Schichten einmal wiederholen. Die Torte für 4 Stunden in den Kühlschrank stellen.

Die Torte auf eine Kuchenplatte stürzen und mit After-Eight-Täfelchen garnieren.

WEISSE SCHOKOLADE

KIRSCHEN UND RICOTTA

25 MIN. | RUNDE SCHÜSSEL | 4 STD.

TORTE

300 g Sahne
450 g weiße Schokolade
500 g Ricotta
1 EL Kirschwasser
100 g Mascarpone
40 g Zucker
250 g Buttergebäck
300 g entsteinte Kirschen
(frisch oder Amarena)

DEKORATION

100 g weiße Schokoladenraspel
10 entsteinte Kirschen
(frisch oder Amarena)

Für die Tortenmasse die flüssige Sahne in eine Schüssel füllen und 30 Minuten ins Gefrierfach stellen.

Die Schokolade in Stücke brechen und im Wasserbad schmelzen. Die Schüssel aus dem Wasserbad nehmen. Ricotta und Kirschwasser sorgfältig unterrühren.

Die Sahne mit dem Mascarpone glatt verrühren. Mit einem elektrischen Handmixer oder in der Küchenmaschine steif schlagen. Nach und nach den Zucker einarbeiten.

Die Zutaten wie folgt in die Form schichten: Plätzchen, Schokoladencreme, Kirschen, Mascarponesahne. Die Schichten einmal wiederholen. Die Torte für 4 Stunden in den Kühlschrank stellen.

Die Torte mit Schokoladenraspeln und Kirschen garnieren.

FÜR EINE GESTÜRZTE TORTE
Die Form mit Frischhaltefolie auskleiden und die Zutaten in umgekehrter Reihenfolge hineinschichten, also mit der Creme beginnen und mit einer Lage Plätzchen abschließen.

PEKANNUSS

AHORNSIRUP

30 MIN. | KASTENFORM | 4 STD.

TORTE

300 g Sahne
50 g Ahornsirup
100 g Pekannusskerne
500 g Doppelrahmfrischkäse
80 g Zucker
200 g Spritzgebäck

DEKORATION

60 g Pekannusskerne
100 g Schoko-Karamell-Riegel, z. B. Mars
100 g Sahne

Für die Tortenmasse die flüssige Sahne in eine Schüssel füllen und 30 Minuten ins Gefrierfach stellen.

Ahornsirup und Pekannüsse in einem Topf sanft erhitzen, bis die Flüssigkeit verdampft ist und der Zucker im Sirup zu kristallisieren beginnt. Auf ein geöltes Blech geben und erkalten lassen. Grob hacken.

Die Sahne mit dem Frischkäse glatt verrühren. Mit einem elektrischen Handmixer oder in der Küchenmaschine steif schlagen. Nach und nach den Zucker einarbeiten. Die Pekannüsse unterheben.

Die Form mit Frischhaltefolie auskleiden. Den Boden mit einer Schicht Frischkäsesahne und mit einer Lage Kekse bedecken. Dabei darauf achten, dass die Plätzchen nicht bis an den Rand der Form reichen. Die Schichten zweimal wiederholen. Die Torte für 4 Stunden in den Kühlschrank stellen.

Inzwischen für die Dekoration die Pekannüsse grob hacken. Die Schoko-Karamell-Riegel in Stücke schneiden und mit der Sahne in einen Topf geben. Bei niedriger Hitze rühren, bis eine glatte Sauce entstanden ist.

Die Torte auf eine Kuchenplatte stürzen. Mit der Sauce überziehen und mit Pekannüssen bestreuen.

KARAMELL

MOKKA UND MACADAMIA

25 MIN. | RUNDE FORM Ø 20 CM | 4 STD.

TORTE

300 g Sahne
2 TL Instantkaffeepulver
400 g Mascarpone
90 g Zucker
500 g Schokoladenplätzchen
300 g Karamellcreme

DEKORATION

50 g Macadamiakerne
70 g Karamellcreme

Für die Tortenmasse die flüssige Sahne in einem Topf zum Kochen bringen. Das Kaffeepulver unter kräftigem Rühren darin auflösen. In eine Schüssel füllen, erkalten lassen und 30 Minuten ins Gefrierfach stellen.

Die Sahne mit dem Mascarpone glatt verrühren. Mit einem elektrischen Handmixer oder in der Küchenmaschine steif schlagen. Nach und nach den Zucker einarbeiten.

Die Form mit Frischhaltefolie auskleiden. Den Boden mit einer Schicht Mascarponesahne und einer Lage Kekse bedecken. Dabei darauf achten, dass die Plätzchen nicht bis an den Rand der Form reichen. Eine Schicht Karamellcreme darauf verstreichen. Die Schichten zweimal wiederholen, dabei die letzte Lage Kekse nicht mehr mit Karamellcreme bestreichen. Die Torte für 4 Stunden in den Kühlschrank stellen.

Inzwischen für die Dekoration die Macadamianüsse grob hacken. Die Torte auf eine Kuchenplatte stürzen, mit der Karamellcreme überziehen und den Nüssen bestreuen.

MONTBLANC

MARONEN UND SPEKULATIUS

25 MIN. RUNDE FORM Ø 15–18 CM 4+2 STD.

TORTE

300 g Sahne
100 g Spekulatius
100 g glasierte Maronen
450 g Doppelrahmfrischkäse
90 g Zucker
2 EL dunkler Rum

DEKORATION

200 g gezuckerte Maronencreme (gut sortierter Supermarkt oder Internethandel)
200 g ungezuckertes Maronenpüree (gut sortierter Supermarkt oder Internethandel)
30 g Baiser
Puderzucker

Für die Tortenmasse die flüssige Sahne in eine Schüssel füllen und 30 Minuten ins Gefrierfach stellen. Den Spekulatius grob zerkrümeln. Die Maronen grob hacken.

Die Sahne mit dem Frischkäse glatt verrühren. Mit einem elektrischen Handmixer oder in der Küchenmaschine steif schlagen. Nach und nach den Zucker einarbeiten. Den Rum einrühren. Maronen und Spekulatius unterheben.

Die Form mit Frischhaltefolie auskleiden. Die Frischkäsesahne einfüllen und 4 Stunden ins Gefrierfach stellen.

Inzwischen für die Dekoration Maronencreme und -püree in einer Schüssel glatt verrühren. Den Baiser grob zerkrümeln. Die Torte auf eine Kuchenplatte stürzen und vollständig mit der Maronencreme einstreichen, dann für 2 Stunden in den Kühlschrank stellen. Vor dem Servieren mit dem Baiser bestreuen und leicht mit Puderzucker bestäuben.

TOFFEE-SPLITTER

WAFFELN UND KARAMELL

25 MIN. | KASTENFORM | 3 STD.

TORTE

300 g Sahne
90 g Butter
300 g Zucker
1 TL Zitronensaft
300 g dünne Butterwaffelplätzchen

DEKORATION

250 g Sahne
40 g Karamellbonbons oder
Karamellriegel, z. B. Caramac

Für die Tortenmasse die flüssige Sahne in eine Schüssel füllen und 25 Minuten ins Gefrierfach stellen. Die Butter würfeln.

Den Zucker mit 4 Esslöffeln Wasser und Zitronensaft in einem Topf mit schwerem Boden bei starker Hitze zu einem bernsteinfarbenen Karamell kochen. Die Sahne zugießen und 1 Minute unter Rühren erhitzen. Den Topf vom Herd nehmen und die Butter einarbeiten. Einige Minuten abkühlen lassen, bis der Karamell eingedickt ist.

Die Form mit Frischhaltefolie auskleiden. Den Boden mit einer Lage Waffelplätzchen belegen. Mit dickflüssigem Karamell überziehen. Die Schichten fünfmal wiederholen. Die Torte für 3 Stunden in den Kühlschrank stellen.

Inzwischen für die Dekoration die Sahne mit einem elektrischen Handmixer oder in der Küchenmaschine steif schlagen. Die Torte auf eine Kuchenplatte stürzen und mit der Sahne einstreichen. Die Karamellbonbons grob hacken und die Torte damit bestreuen.

MARONEN

BROMBEERSAUCE

25 MIN. | KASTENFORM | 4 STD.

TORTE

200 g Sahne

340 g gezuckerte Maronencreme (gut sortierter Supermarkt oder Internethandel)

380 g Mascarpone

200 g Doppelrahmfrischkäse

30 g Zucker

350 g Butterkekse

DEKORATION

100 g Brombeeren

80 g Schwarzes-Johannisbeer-Gelee

20 g glasierte Maronen

Für die Tortenmasse die flüssige Sahne in eine Schüssel füllen und 25 Minuten ins Gefrierfach stellen.

Maronencreme und Mascarpone in einer Schüssel glatt verrühren. Die Sahne mit dem Frischkäse in einer zweiten Schüssel glatt verrühren. Mit einem elektrischen Handmixer oder in der Küchenmaschine steif schlagen. Nach und nach den Zucker einarbeiten.

Die Form mit Frischhaltefolie auskleiden. Boden und Wände mit der Frischkäsesahne bestreichen. Den Boden mit einer Lage Plätzchen bedecken. Eine Schicht Maronencreme darauf verstreichen. Danach abwechselnd jeweils 2 Schichten Plätzchen und Maronencreme in die Form geben und mit einer Lage Keksen abschließen. Die Torte für 4 Stunden in den Kühlschrank stellen.

Inzwischen für die Dekoration die Brombeeren mit dem Johannisbeergelee pürieren und durch ein feines Sieb streichen. Die glasierten Maronen grob hacken.

Die Torte auf eine Kuchenplatte stürzen. Mit der Brombeersauce überziehen und mit den Maronen bestreuen.

SHORTBREAD

SALZKARAMELL

30 MIN. KASTENFORM 4 STD.

TORTE
400 g Sahne
400 g Doppelrahmfrischkäse
80 g Zucker
15 Shortbreads

DEKORATION
60 g Butter
1 große Prise Salz
120 g brauner Zucker
50 g Honig
120 g Sahne

Für die Tortenmasse die flüssige Sahne in eine Schüssel füllen und 30 Minuten ins Gefrierfach stellen.

Die Sahne mit dem Frischkäse glatt verrühren. Mit einem elektrischen Handmixer oder in der Küchenmaschine steif schlagen. Nach und nach den Zucker einarbeiten.

Die Form mit Frischhaltefolie auskleiden. Boden und Wände mit einer Schicht Frischkäsesahne bestreichen. Die Plätzchen abwechselnd mit der restlichen Frischkäsesahne hineinschichten. Dabei mit einer Lage Plätzchen abschließen. Die Torte für 4 Stunden in den Kühlschrank stellen.

Inzwischen für die Dekoration alle Zutaten in einem Topf bei niedriger Hitze einige Minuten rühren, bis ein cremiger Karamell entstanden ist.

Die Torte auf eine Kuchenplatte stürzen und mit dem Karamell überziehen.

LIMONCELLO

WEISSER NUGAT UND NÜSSE

25 MIN. RUNDE FORM Ø 15–18 CM 4 STD.

TORTE

100 g Sahne
90 g weicher weißer Nugat
300 g Mascarpone
120 g Zucker
700 g Ricotta
6 EL Limoncello
fein abgeriebene Schale von 1 Bio-Zitrone
350 g Orangenkekse

DEKORATION

1 Handvoll ungesalzene Pistazienkerne und Mandeln
40 g flüssiger Honig

Für die Tortenmasse die flüssige Sahne in eine Schüssel füllen und 25 Minuten ins Gefrierfach stellen. Den Nugat hacken.

Die Sahne mit dem Mascarpone glatt verrühren. Mit einem elektrischen Handmixer oder in der Küchenmaschine steif schlagen. Nach und nach 40 g Zucker einarbeiten.

Den restlichen Zucker unter den Ricotta rühren. Nugat, Limoncello und Zitronenabrieb unterziehen.

Die Form mit Frischhaltefolie auskleiden. Boden und Wände mit der Mascarponesahne bestreichen. Dann eine Lage Kekse und eine Schicht Ricottacreme in die Form geben. Dabei darauf achten, dass die Kekse nicht bis an den Rand der Form reichen. Die Schichten einmal wiederholen. Mit einer Lage Plätzchen abschließen. Die Torte für 4 Stunden in den Kühlschrank stellen.

Inzwischen für die Dekoration den Honig in einem Topf sanft erhitzen. Pistazien und Mandeln grob hacken und unterrühren.

Die Torte auf eine Kuchenplatte stürzen und mit dem Nusshonig überziehen.

WEIHNACHTEN

LEBKUCHEN UND ZITRUSFRÜCHTE

20 MIN. | KASTENFORM | 4 STD.

TORTE

500 g Sahne
550 g Mascarpone
120 g Zucker
fein abgeriebene Schale von
1 Bio-Zitrone
fein abgeriebene Schale von
2 Bio-Orangen
2 TL Lebkuchengewürz
1 TL Zimt
750 g Spekulatius

DEKORATION

kandierte Orangenschalenstreifen

Für die Tortenmasse die flüssige Sahne in eine Schüssel füllen und 30 Minuten ins Gefrierfach stellen.

Die Sahne mit dem Mascarpone glatt verrühren. Mit einem elektrischen Handmixer oder in der Küchenmaschine steif schlagen. Nach und nach den Zucker einarbeiten. Zitronen- und Orangenabrieb sowie die Gewürze einrühren.

Die Form mit Frischhaltefolie auskleiden. Den Boden mit einer Schicht Mascarponesahne und einer Lage Spekulatius bedecken. Dabei darauf achten, dass die Plätzchen nicht bis an den Rand der Form reichen. Die Schichten dreimal wiederholen. Die Torte für 4 Stunden in den Kühlschrank stellen.

Die Torte auf eine Kuchenplatte stürzen und mit den Orangenschalenstreifen garnieren.

Danksagung

Einen herzlichen Dank an das gesamte Team für seine Professionalität.
Vielen Dank auch an Pauline für die angenehme und effiziente Zusammenarbeit.

1. Auflage

Originaltitel: LE GÂTEAU SANS CUISSON - chantilly + biscuit + frigo = 1 gâteau facile

Projektleitung: Anja Halveland
Übersetzung: Lisa Heilig, Köln
Gesamtproducing: trans texas publishing services GmbH, Köln
Coverdesign für die deutschsprachige Ausgabe: Atelier Versen, Bad Aibling

Druck & Verarbeitung: Těšínská tiskárna, Český Těšín

Printed in the Czech Republic

FSC www.fsc.org MIX Papier aus verantwortungsvollen Quellen FSC® C005833

Verlagsgruppe Random House FSC® N001967

ISBN 978-3-8094-3941-7